基因的奥秘

[英] 萨伦娜·泰勒
费利西娅·劳 著
格里·贝利
[英] 麦克·菲利普斯 绘
雍寅 译

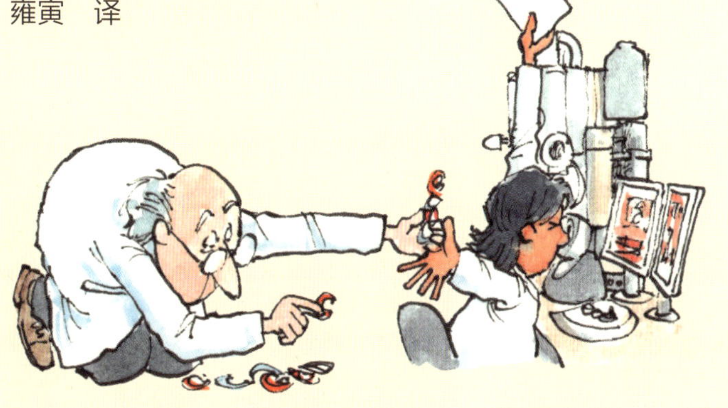

中国水利水电出版社
www.waterpub.com.cn
·北京·

目录

引言

人类的细胞真是一个神奇的东西。它从母亲子宫里一个小小的受精卵开始成长，先是一分为二，接着两个分裂成四个，四个变成八个……

经过47次分裂，所产生的30万亿个细胞便构成了我们的身体——此时，我们也准备好来到这个世界。每个细胞都有自己的使命，它们会为了我们接下来的一生而努力工作。

不过话说回来，这一切背后的原理究竟是什么？

为什么我们与他人既有相似之处，又有各自不同的特点呢？

现在，我们就一起去看看自己是怎样来到这个世界的，自己的家族又藏着哪些秘密。

繁忙的工厂

你的身体里有几十万亿名“员工”。它们时时刻刻为各种事情奔忙：忙着制造（比如毛发和肌肉）；忙着提供能量；当你受到疾病侵袭时，它们还要赶过来保护你。

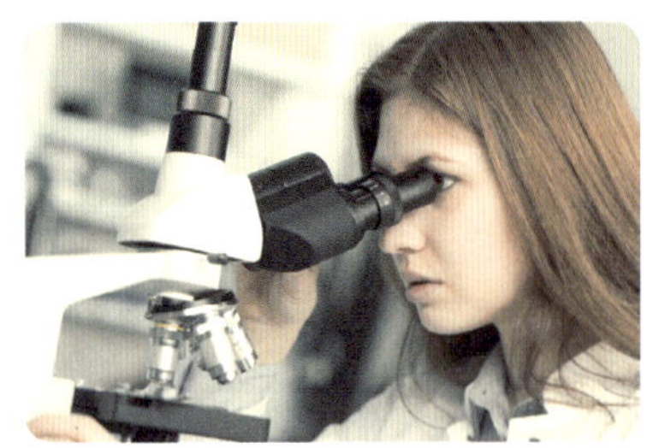
实验室里功能强大的显微镜。

科学家已经发现了好几百种不同类型的细胞。从细长强健的神经细胞，到圆盘状的红细胞，它们大小各不相同，平均直径约为20微米（相当于1毫米的2%）。

它们实在是太小了，必须在显微镜下才能被观察到。可是就在这样狭小的空间里，竟然挤满了上百万个分子。分子是保持物质所有性质的最小粒子。它们由一个或多个原子组成，是构成宇宙中一切物质的“原材料”。

因此，正如你所见，细胞真是一个繁忙的工厂！

指令

那么，细胞怎么知道该去做什么呢？这曾是科学家渴望解决的难题。后来，他们终于找到了答案。

秘密就藏在一种名叫DNA的酸中。DNA全称是“脱氧核糖核酸”，它包含了许许多多的基因。而基因就是控制和指挥细胞工作的指令。

接下来，我们将会一步步揭开DNA的神秘面纱，了解它背后的原理。

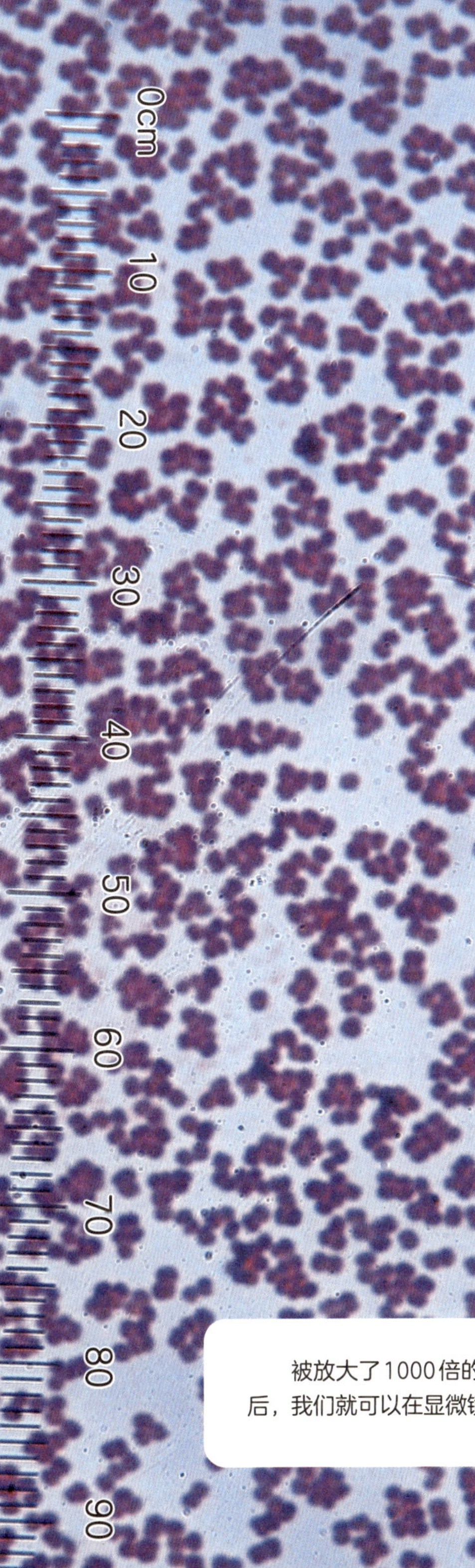

被放大了1000倍的白细胞——经过染色后，我们就可以在显微镜下观察计数了。

早期的想法

几千年来，人们一直对遗传学很感兴趣。这门学科研究的是生物遗传，简单来说，就是研究遗传信息在亲子之间传递的规律。不过，当时没有人能真正懂得其中的原理，有的人甚至还产生了一些荒谬的想法！

感兴趣的农民

农民普遍对这一领域感兴趣。这是因为他们想培育出更大、更健康的瓜果蔬菜，生产更多的作物，来提高生活水平。如果他们能培育出更健壮的牛羊，就可以获得更多的肉，养活更多的人。

农民发现，健壮肥硕的动物孕育出的后代往往也是健壮肥硕的。他们希望将这一优势延续下去，却不明白其中的道理。

有斑点最好

《圣经》里有个人叫雅各，他自以为找到了玄机。他有一群健康的山羊，它们身上都长着斑点。他还想拥有更多的斑点羊，于是便让成年羊在长有斑点的树枝附近进行交配。他以为这样就可以让它们的后代也长出斑点！

亚里士多德

古希腊著名哲学家亚里士多德也表达过对于遗传的看法。他认为，男人和女人分别为孩子提供了不同的特质，而且二者的贡献并不对等。在他看来，女性给予的是“质料”，而男性提供的是“形式”。

蓝血贵族

很多人有一种根深蒂固的观念，认为遗传信息是通过血液来传递的。这一错误说法后来又衍生出了“蓝血贵族”（一种优越社会地位的象征）、“混血”和“血统”等概念。

泛生论

泛生论是另一种关于遗传的假说。它认为，构成生物体的各个器官和物质都会释放出粒子，它们结合在一起就形成了胚胎（即成长发育的起始阶段）。数百年来，科学家一直对泛生论深信不疑，因为他们确实不知道遗传是怎么回事。

不过，这一切都随着一台神奇设备——显微镜的问世而发生了改变。

显微镜

显微镜上装有玻璃制成的透镜，能将微小的物体放大至人眼可以观察到的程度。

透镜

光从空气进入玻璃时会发生偏转。我们可以利用这种偏转将物体放大。

透镜是特殊形状的玻璃或者透明塑料。它能改变光的方向，生成一个比实物大（或者小）的图像。

有的透镜中间厚，边缘薄；有的中间薄，边缘厚。我们将前者称为凸透镜，后者称为凹透镜。凸透镜具有放大的作用。

凸透镜——F代表焦点

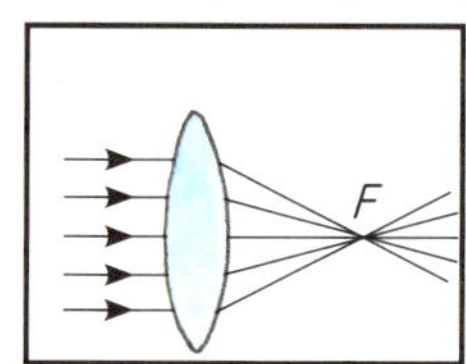

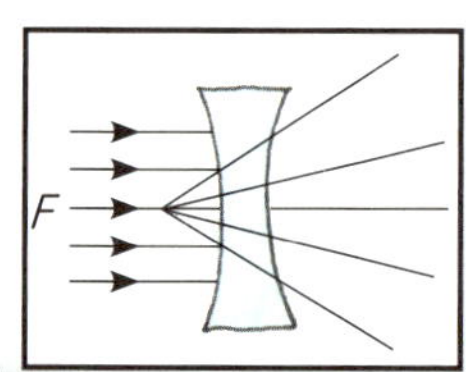

凹透镜——F代表焦点

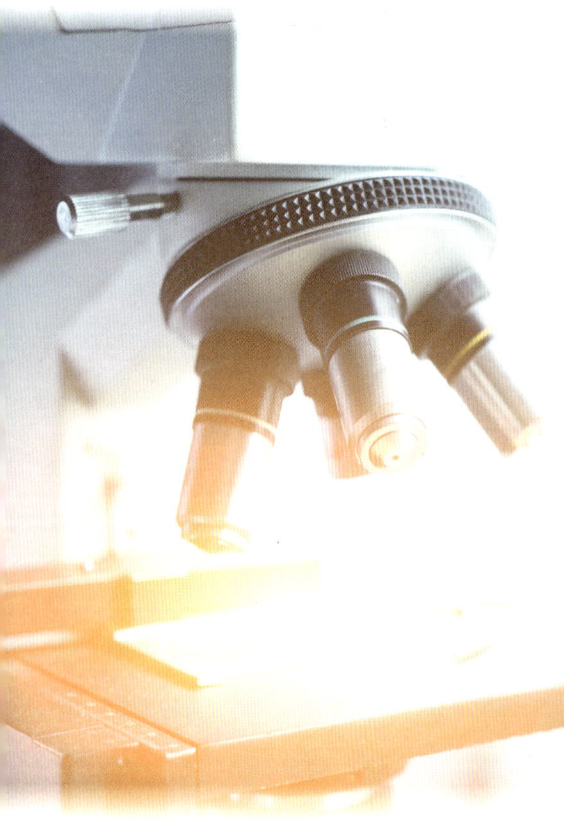

如今，现代光学显微镜的放大倍数可达2000倍，而电子显微镜甚至能达到200万倍。

发现细胞

罗伯特·胡克

英国物理学家罗伯特·胡克（Robert Hooke）通过显微镜发现了细胞。他的显微镜放大倍数是30倍，堪称当时最先进的设备。胡克将他的发现命名为“细胞”（cell，也有牢房的意思）。他认为细胞看起来就像监狱的牢房，或者修道士居住的小房间。事实上，他的本意就是指细胞死亡后留下的“空房子”，而不是细胞本身。只不过这个名字被沿用了下来，现在我们就将这些微小而神奇的东西叫作细胞。

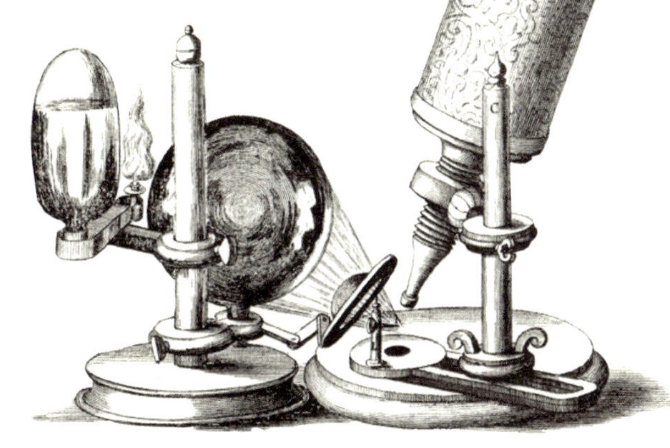
罗伯特·胡克的显微镜，大约制造于1665年。

直到19世纪中期，显微镜技术才有了实质性的改进。科学家终于看到了微观物体，比如细胞的细胞核。他们总算知道，所有生物都是由细胞成长起来的。

更胜一筹的列文虎克

在胡克发现细胞后，过了几年，荷兰人安东尼·范·列文虎克（Antoni van Leeuwenhoek）向皇家学会寄去了他的图纸和报告，这些都是他利用放大倍数高达275倍的显微镜看到的结果。他将所有观察记录一并寄了出去：从面包的模具到牙齿，甚至还有他所认为的“微生物”。其实那是一种名叫原生动物的小型生物。1683年，他还发现了细菌。

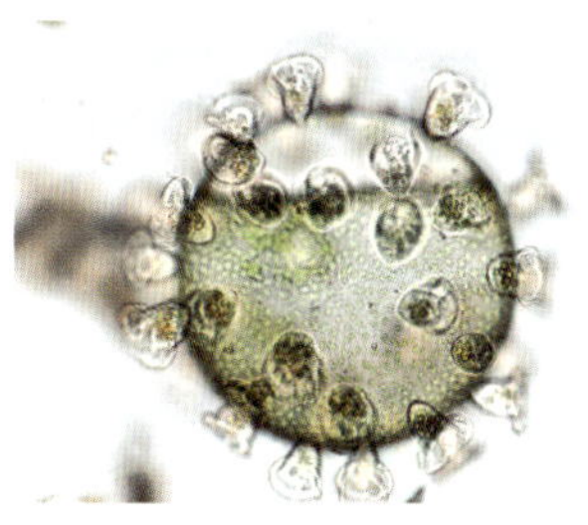
在高级显微镜下观察到的海洋原生动物钟形虫。

生命的基本组成

细胞是构成生物体的基本单位，所有生物都是由细胞组成的。我们身体里就有数十万亿个细胞。没有显微镜，我们根本无法看到它们，因为它们实在是太小了。但是，它们里面充满了东西。人类有几百种不同形状和大小的细胞，我们所做的每一件事都离不开它们。

忙碌的细胞

吃饭的时候，细胞会摄取食物中的营养物质。它们创造了我们所需要的能量，同时还会处理掉没用的废物。它们维持指甲生长，让我们能够看清世界，确保大脑的正常运转。它们遵循细胞核中DNA的指示，让我们长成了现在的自己。

所有细胞的结构都差不多，主要有四个组成部分：细胞质、细胞膜、线粒体、细胞核。而细胞核就是“指令”发布中心，它决定了我们到底是什么——蒲公英、长颈鹿、鲸鱼，还是人类！

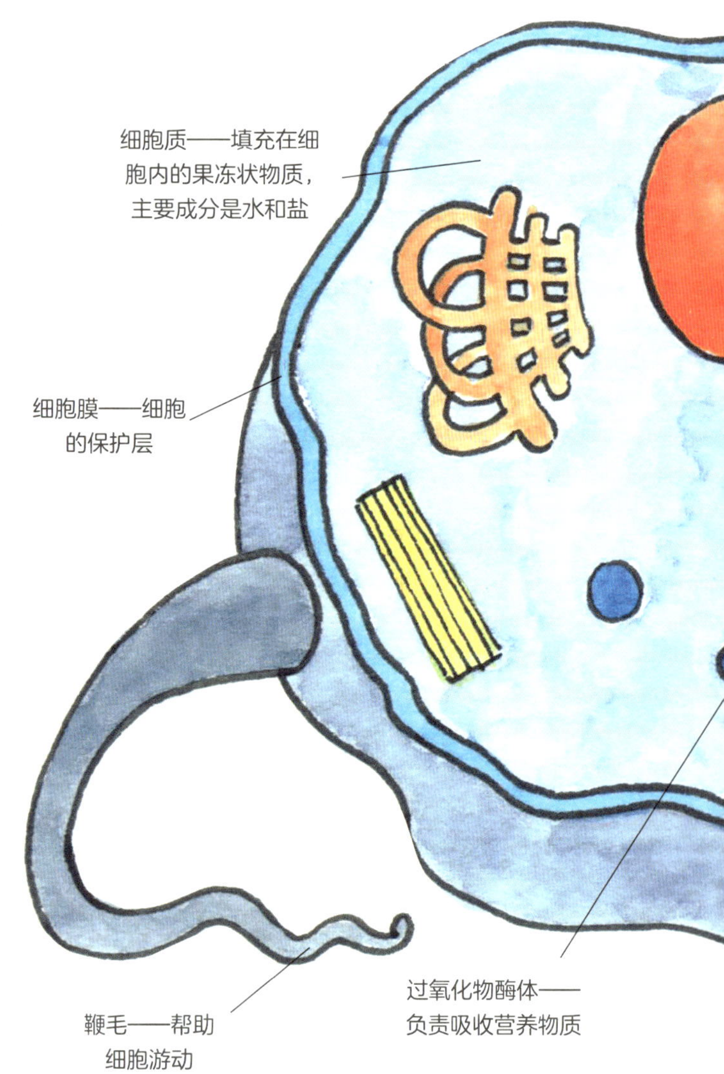

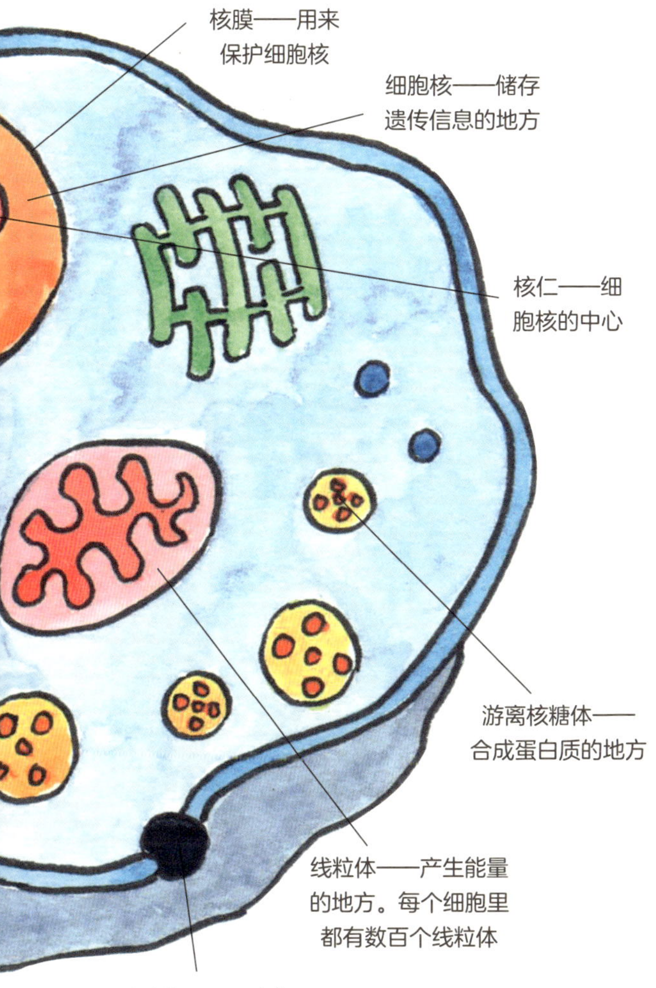

短暂的生命，漫长的人生

也许你会以为，这些身体里的细胞会陪你走完一生。

然而事实并非如此。大多数细胞的寿命都很短暂，大约只有一个月。有些细胞甚至原本就是死的。例如，你能看到的所有皮肤细胞都是死细胞。

有的细胞（例如肝细胞）可以存活好几年，但是它每隔几天就会更换一次里面的物质。脑细胞可以伴随我们一生。我们从出生开始就拥有大约1000亿个脑细胞，之后也不会再增加。和肝细胞一样，脑细胞里面的物质也需要不断更新。

带电的细胞

可能你还不知道，其实你浑身上下都充满了电。细胞将我们吃进去的食物和吸入的氧气转化成电能。不过别担心，这种电能非常少。因此我们相互触碰时，根本不会受伤。

豌豆的故事

神父与豌豆

1822年，格雷戈尔·孟德尔（Gregor Mendel）出生于奥地利。他既是一名神父，也是一位受过专业培训的科学家。他在大学里学过物理和数学，因此对科学问题有一定的了解。他进入布尔诺（今属捷克）的一家修道院后，便开始研究豌豆。

格雷戈尔·孟德尔

他想知道豌豆的繁殖过程和遗传规律，想搞清楚它们如何获得与上一代相同（或者不同）的性状。在两名助手的帮助下，他通过杂交（用两个不同品种进行培育）的方式种植了数千株豌豆。

发现“因子”

孟德尔研究了豌豆的七种性状：植株高度、豆荚的形状和颜色、种子的形状和颜色、花的位置和颜色。

他发现，高植株和矮植株杂交以后，后代都是高植株。但是，如果这些后代继续杂交，它们的后代就会出现75%的高植株和25%的矮植株。

同样的规律也表现在后代颜色上。黄色豌豆和绿色豌豆杂交后，它们的后代总是黄色的。但是，如果继续杂交下去，绿色豌豆又会重新出现，而且绿色与黄色的比例是1∶3。

显性和隐性

孟德尔认为，每一株豌豆幼苗将来是高是矮，主要取决于两个“因子”，也就是我们现在所说的基因。而且这两个“因子”分别来自它的两个亲本植株。

也就是说，植株高度是由一个高基因和一个矮基因决定的。这两种基因都存在于植株之中，并且保持着各自的特性。只不过其中一个基因更强大一些，或者说占有优势，我们称之为“显性基因”。对于豌豆来说，高基因就是显性基因。相对地，另一个较弱的基因就叫作“隐性基因”，也就是矮基因。

显性基因总是会抑制隐性基因。因此在第一次杂交后，所有后代都是高植株。但是当这些后代进行第二次杂交时，基因发生了重组。

故事还没有结束，接下来我们继续。

脓液、染料和果蝇

弗雷德里希·米歇尔（Friedrich Miescher）是瑞士的生物化学家，他主要研究动植物的化学构成。1869年，他开始着手研究白细胞的结构。

因为脓液的主要成分就是白细胞，所以为了得到白细胞，他从当地医院的手术室里拿走了沾满脓液的绷带。他向脓液中加入盐酸，得到了细胞核（细胞的中心部分）。接着他向细胞核中加入碱，然后再加入酸，最终生成了一种他从未见过的灰色物质。由于它是细胞核的一部分，他便将它命名为核素。

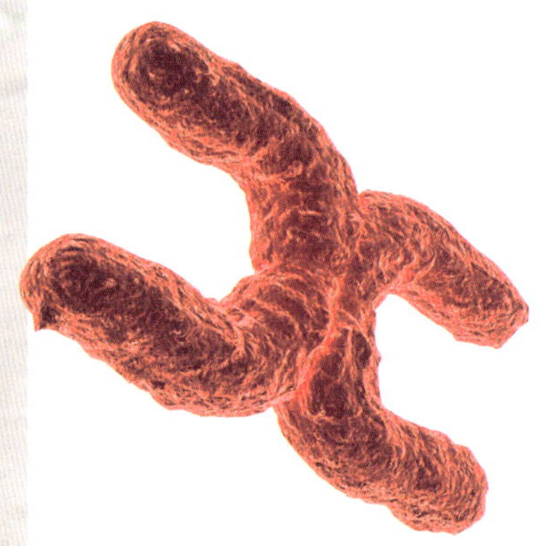

染色体是在细胞复制过程中形成的，它就是被“包装”起来的遗传物质DNA。

弗莱明的染料

瓦尔特·弗莱明（Walter Fleming）是德国的细胞学家。他用一种染料对细胞核进行染色。他注意到，染料能让细胞核内的一种丝状物质着色。他将其命名为“染色质”，出自希腊语“chroma”，意思是颜色。

如今，我们称之为染色体。

不久以后人们发现，米歇尔的核素和弗莱明的染色质似乎含有相同的物质，而且它们都与孟德尔的“因子”，也就是基因有关。

目前为止一切顺利，不过情况依旧不太明朗。

短命的果蝇

果蝇的寿命很短——只有14天左右。这对果蝇来说算不上什么好事，但是却帮了美国生物学家托马斯·摩尔根（Thomas Morgan）一个大忙。他通过繁殖果蝇继续孟德尔的基因研究。

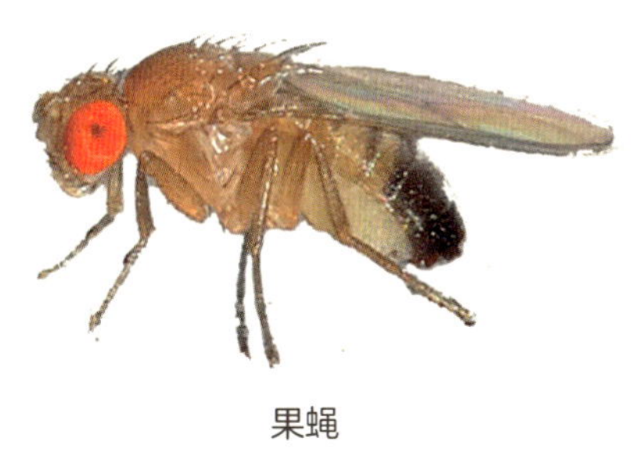

果蝇

染色体上的基因

经过观察，摩尔根确信基因就排列在染色体上。由于他的果蝇有4组基因，因此他以为它们只有4条染色体。

制作遗传图

摩尔根发现，每条染色体上的基因都是按照一定的顺序排列的。也就是说，我们可以绘制出基因在染色体上的位置。他通过染色体图给出了5种基因的位置。十年后，他进一步扩展了染色体图，给出了果蝇4条染色体上2000个基因的位置。

如今，生物学发展迅速，人们对细胞有了更多的了解。每个细胞都有一个细胞核，里面含有染色体和基因。不过细胞里还有许多其他物质。

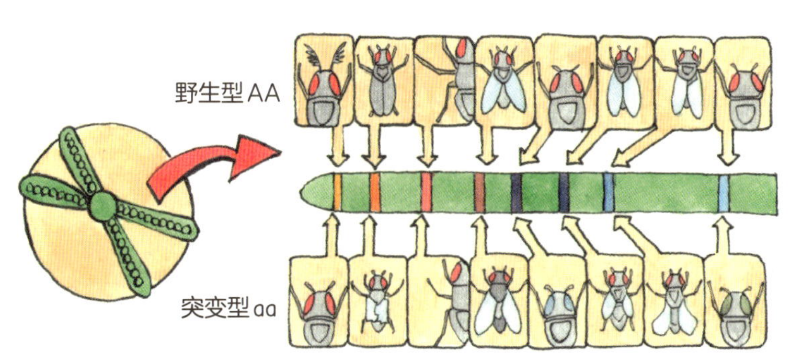

这是首次成功的基因定位，它为染色体遗传理论提供了重要论证。

染色体

每个细胞的控制中心都位于它的细胞核，那里有一种名叫染色体的丝状物质。

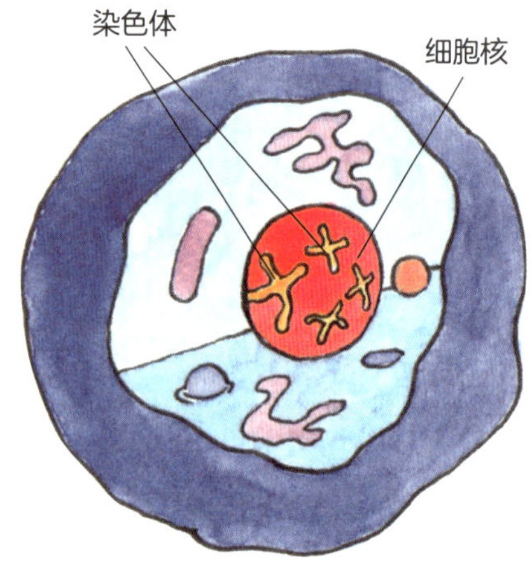

染色体的数量

大多数细胞内的染色体都会排列成两组，而且这两组染色体之间能够两两匹配。物种不同，染色体的数量也不相同。例如，骆驼有70条染色体，而巨型红杉树只有22条。染色体数量与物种的体型没有关系。

我们人类有23对（或者说46条）染色体。在特殊的荧光显微镜下，它们看起来就像这样：

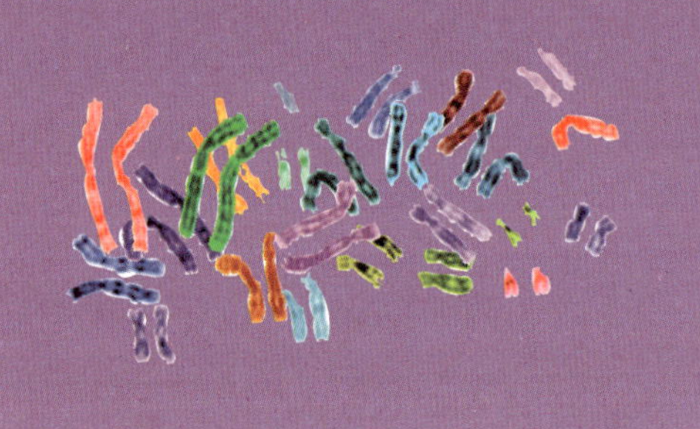

金鱼的染色体比人类的多——有94条，而豌豆只有14条。

像一个X

当细胞分裂产生新的细胞时，染色体就会盘绕起来，形成X状的结构。我们可以通过高倍显微镜观察到这个现象。

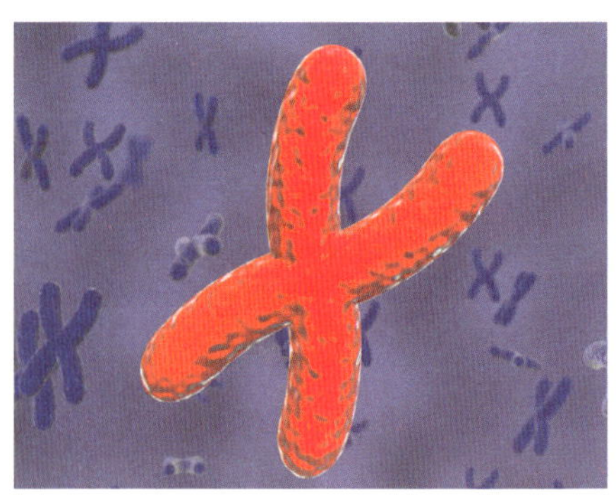

一对染色体

染色体内的物质

染色体内包含两种物质——DNA和蛋白质。蛋白质不但能够调节人体系统，而且可以运输化学物质。同时，它有助于生长发育，还能抵抗细菌的感染。

长期以来，科学家认为DNA里可能含有决定生物遗传的基因指令，但是他们一直不太确定。

因为除了DNA，蛋白质也是科学家所考量的对象。

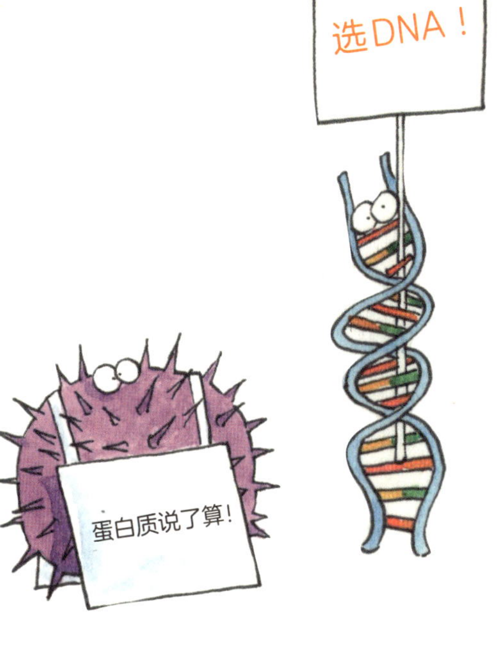

到底是谁呢

结果，人们还是选择了蛋白质，因为它的结构看起来更加复杂，更有可能携带大量信息。毕竟制造生命体需要用到相当多的指令。

然而进一步的研究表明，DNA结构的复杂程度超出了人们以往的认知，它才是能够携带遗传信息的载体。

那么，它是如何携带这些信息，又是怎样将它们遗传给后代的呢？科学家首先要弄清楚的就是DNA真正的结构。

双螺旋结构

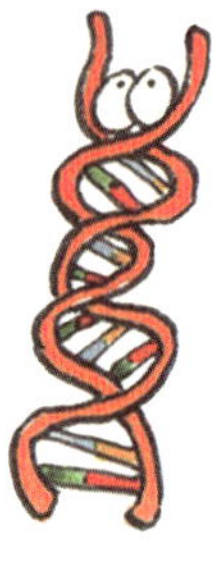

自弗雷德里希·米歇尔在19世纪下半叶发现核酸以来，许多科学家都在研究它的工作原理以及它携带遗传信息的方式。为了寻找答案，科学家付出了近百年的光阴。

寻找答案

在美国纽约的洛克菲勒研究所，奥斯瓦尔德·埃弗里（Oswald Avery）和他的同事很想知道人体内携带遗传信息的究竟是什么。他们想找到所谓的“转化因子”，于是便用病毒和细菌进行实验。他们将病毒的蛋白质和DNA染成不同的颜色，结果发现，病毒将自己的DNA注入细菌体内而不是蛋白质，这就证明，转化的物质的确是DNA。在获得这一结论后，其他科学家都迫不及待地想要了解DNA的结构。

奥斯瓦尔德·埃弗里

DNA晶体

罗莎琳德·富兰克林（Rosalind Franklin）从事X射线晶体学（即用X射线来研究晶体中的原子排列）研究。她从一位科学家那里得到了一个DNA晶体，然后用X射线对它进行拍摄。

晶体中的分子排列成一行。当X射线击中分子时，射线发生了衍射现象。通过研究DNA晶体衍射图像，富兰克林发现了它的形状和结构。从衍射图中我们可以看出，DNA是螺旋形的，有点儿像一个开瓶器。

罗莎琳德·富兰克林

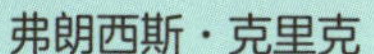

弗朗西斯·克里克

詹姆斯·沃森

克里克和沃森

与此同时，另外两位科学家——弗朗西斯·克里克（Francis Crick）和詹姆斯·沃森（James Watson）——也在努力研究DNA的结构。他们看到了富兰克林的成果，并打算制作一个DNA结构的模型。

不过，他们觉得这个结构不只有一个螺旋。他们认为它是由两条链相互缠绕在一起形成的双螺旋结构。

他们还发现，这两条链上有四种由化学键连接起来的碱基。而这些碱基就掌握着传递遗传信息的秘密。

1962年，因为在DNA研究领域的杰出贡献，克里克、沃森和X射线晶体学家莫里斯·威尔金斯（Maurice Wilkins）共同获得了诺贝尔医学奖。

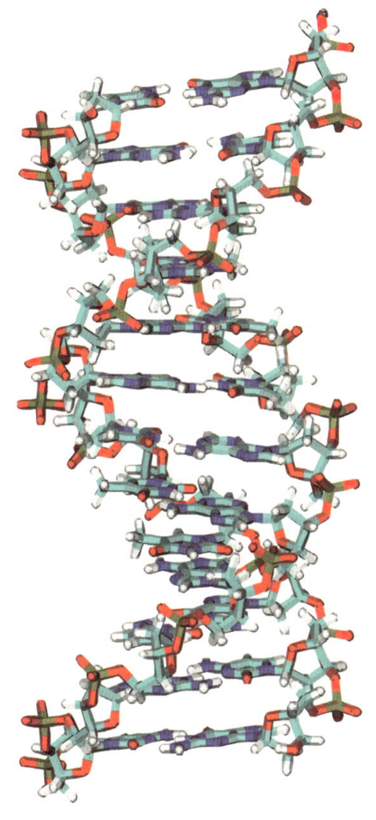

计算机生成的DNA模型。

扭曲的“梯子”

DNA的双螺旋结构看起来就像一个扭曲的“梯子”，它的两条“边框”是通过“梯级”连接起来的。

“梯子”的每一边都是由核苷酸组成的。核苷酸包含三种物质：糖、磷酸，以及一种名叫碱基的化学物质。相互匹配的碱基形成碱基对，于是构成了DNA梯子的“梯级”。

碱基

DNA里包含四种碱基，它们分别是：腺嘌呤（A），鸟嘌呤（G），胸腺嘧啶（T）和胞嘧啶（C）。通常我们直接用字母来表示它们。

碱基只能形成碱基对，而且它们的配对方式总是相同的：A与T配对，C与G配对。这是因为每种碱基的长度不同，A与T组成碱基对的长度和C与G的长度相同。

这样一来，DNA螺旋结构就有了恒定的宽度，不会起伏不平。

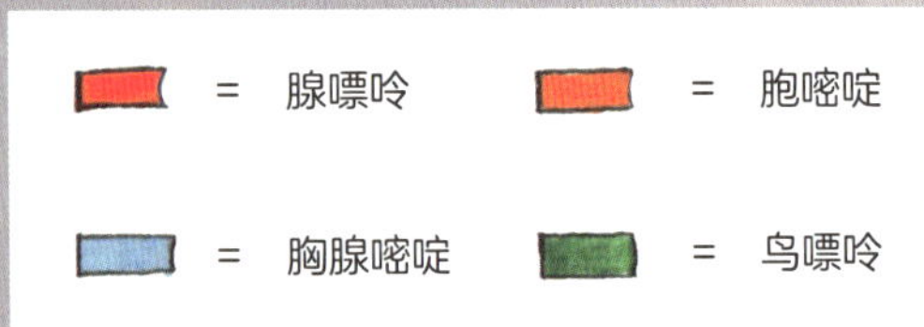

数百万个核苷酸连接起来，形成了一条DNA链（DNA分子）。它们总是通过碱基对连接在一起。

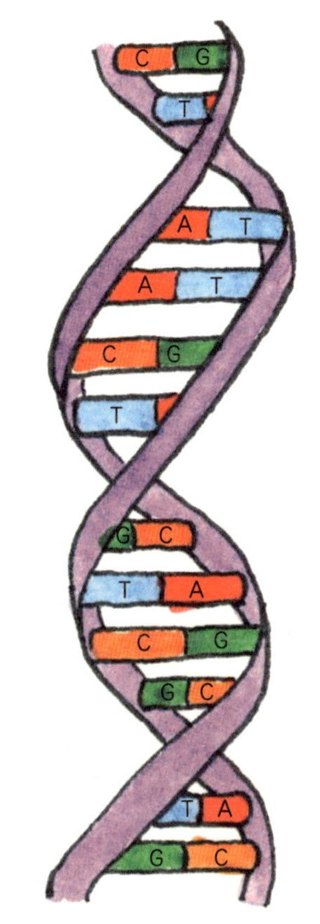

“梯子”扭曲成双螺旋的形状。

碱基与DNA

DNA分子一条链上碱基的排列顺序并不重复。相反，它们会改变顺序，形成一个包含四种字母的编码表。假设你面前有一段DNA，那么你很有可能读到下面一串字母：

CGAGCCTCCGAGCCTAGCCTC

就像程序指导计算机如何运行一样，DNA编码告诉细胞应该如何工作——其实是告诉身体如何运转，它还决定了我们的身材和长相。

单词和句子

DNA密码是由编码的“单词”写成的。这些“单词”叫作密码子，由三个连续排列的碱基字母组成。它们看起来就像这样：

CGA GCC TCC GAG CCT AGC CTC

这些密码子构成了细胞能够读懂的“句子”。而这样的“句子”就叫作基因。

[CGA GCC TCC]

[GAG CCT AGC CTC]

基因决定了我们是谁。

都是基因决定的

经常有人用这句话来解释“为什么他长成这样”“为什么他要那样做”这类问题。

当然，这些并非都由基因决定。我们会成为什么样的人，也受到后天学习和选择的影响。但是，我们大部分基本特征和行为方式确实是由基因决定的。

密码子与基因

我们的DNA中有64个不同的密码子。一个密码子序列就构成了一个基因。基因就像一个句子，每一句都是一条针对特殊功能的编码指令。例如，有的基因专门构建大脑，有的命令毛发生长，还有的负责控制我们眼睛的颜色。

接收基因指令的其实是细胞，实际完成工作的也是它们。许多基因命令细胞合成蛋白质——一种能控制细胞生命活动的特殊分子。因此，基因就像公司的老板，只管发号施令，基本不怎么参与实际工作！

事实上，基因的工作量是非常大的！我们体内大约有24000个基因。因此，随时随地都有成千上万的基因在命令细胞干活。

什么是蛋白质

蛋白质是由氨基酸（大约有20种）构成的。每种蛋白质都由特定的氨基酸按照不同比例组合而成，它们会遵循一定的顺序形成一条分子链。而这个顺序也是由基因决定的。

它们在哪里

染色体和DNA存在于细胞核中，而蛋白质是在细胞核外的细胞质（一种围绕细胞核的果冻状物质）里被合成的。因此，基因必须将指令从细胞核内传递出来，以便制造维持生命所必需的蛋白质。

同中有异

也许你会觉得，区区四个碱基编码出来的信息，根本无法创造出这么多形形色色的生物。可是仔细想想，计算机也只用了0和1两个数字就给我们的世界带来了巨大的变化！

DNA里复杂的编码令我们每个人都与众不同。

而且DNA编码的变化模式其实更多，所以地球上才会有种类繁多的动植物。虽然我们全都长着相同的人体器官，它们的功能也相差无几，但每个人的基因都是独一无二的，因此我们不完全一样。

总结一下

细胞是每个生物体的基本组成部分。

细胞里有一个细胞核，细胞核里面有染色体（不同的生物体，染色体数量也不同）。

染色体上有DNA，它决定了生物体的外观和行为方式。

这是因为DNA里包含四种碱基，它们能形成编码。

然后，这些编码组成了“单词”密码子和“句子”——我们的基因。

基因指导细胞制造生物体维持生命所必需的蛋白质，它们承担着非常重要的职责——向身体输送氧气，让植物长出叶子等。

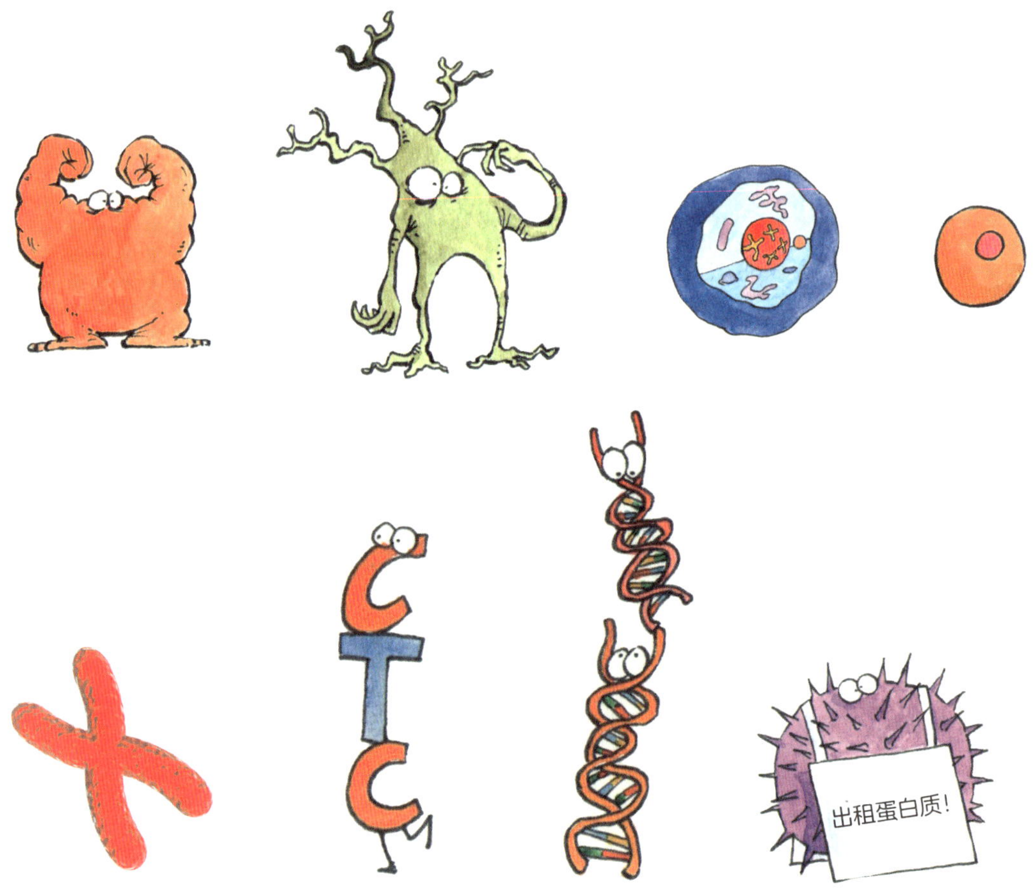

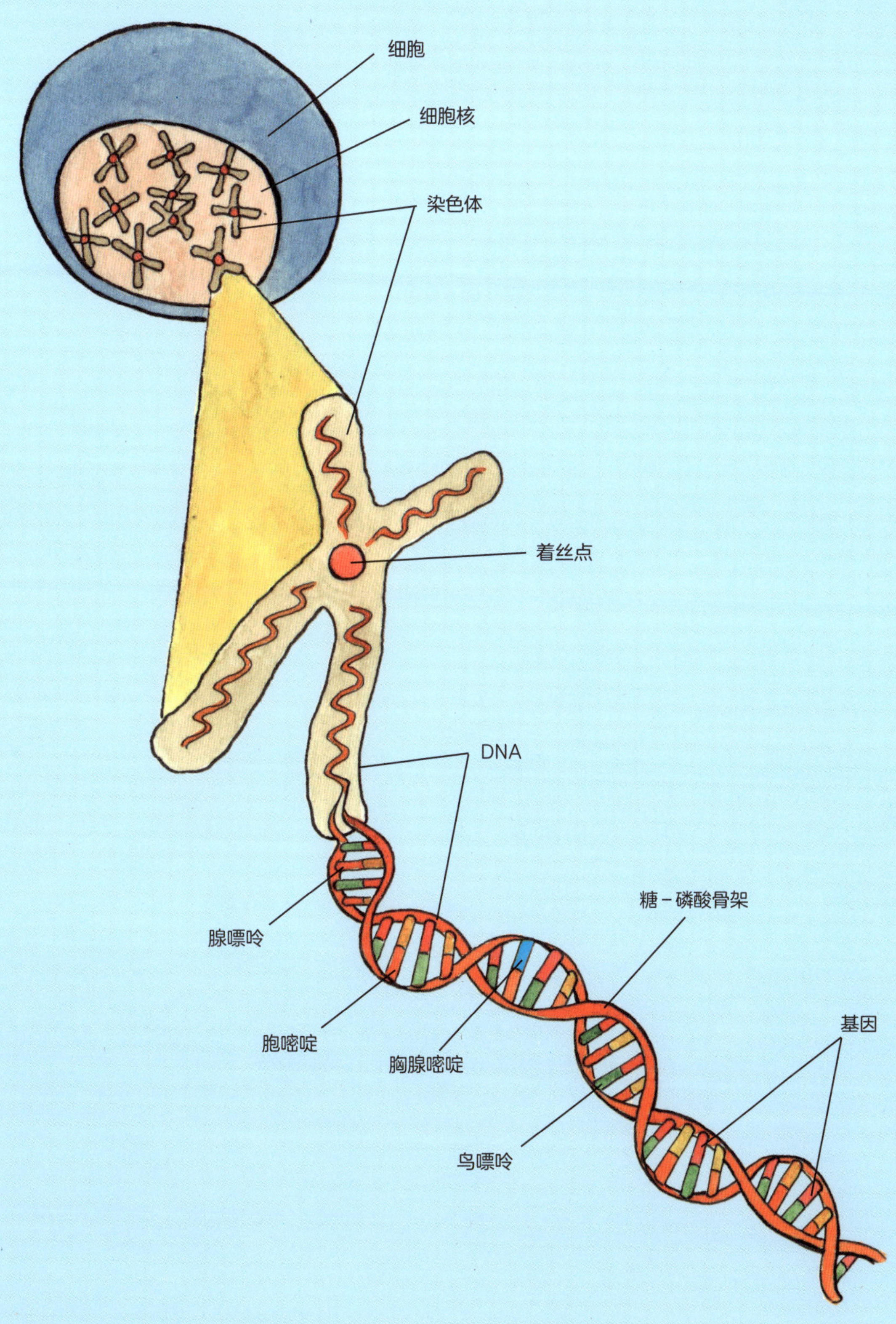
细胞
细胞核
染色体
着丝点
DNA
糖－磷酸骨架
腺嘌呤
胞嘧啶
胸腺嘧啶
基因
鸟嘌呤

了不起的想法

1831年，年轻的查尔斯·达尔文（Charles Darwin）登上了“小猎犬号”帆船，开始了为期5年的科学考察。这段经历为他带来了灵感，让他在《物种起源》一书中提出了一个非常重要的想法——进化论。

停靠在南美洲麦哲伦海峡的“小猎犬号”帆船。

进化论的思想其实很早就有了。

它表明，我们从父母（或者祖父母甚至老祖宗）那里继承了一些性状特征。我们身上的优势和劣势会一代一代地遗传下去——正因为如此，我们才会成为现在的自己。

拉马克学说

法国博物学家让·拉马克（Jean Lamarck）认为，“获得性状”是遗传得来的。也就是说，如果你的父亲是一位优秀的足球运动员，那么你也可能会成为一名优秀的足球运动员。

当然，实际情况也不尽然。不过，你很可能会遗传父亲的运动能力，像他一样善于踢球。

适者生存

当达尔文带着一箱箱动植物标本满载而归时，他已经确信进化是由自然选择决定的——后来这被称为“适者生存”法则。

他首先想知道，为什么动植物可以划分为不同的类群？人类与猩猩科的动物最为接近，而它们又都和猴子十分相似。他认为，这种相似性就意味着在过去很长的一段时间里，它们拥有共同的祖先。

缓慢的变化

达尔文认为，随着时间的推移，所有生物都会发生变化。每一代生物都会继承上一代的遗传性状。在代代相传的过程中，这些性状会出现微小的改变，以便后代更好地适应生存与竞争。

遗传基因的传递

人类有两组染色体，每组有23条，你的父母也不例外。而你就是由他们的染色体结合形成的。

你从哪里来

你的父母分别为你提供了染色体。因此，你同样拥有两组染色体，每组有23条。这些染色体中一半来自母亲，另一半来自父亲。需要注意的是，同一组的染色体只能全部来自一方（母亲或者父亲）。

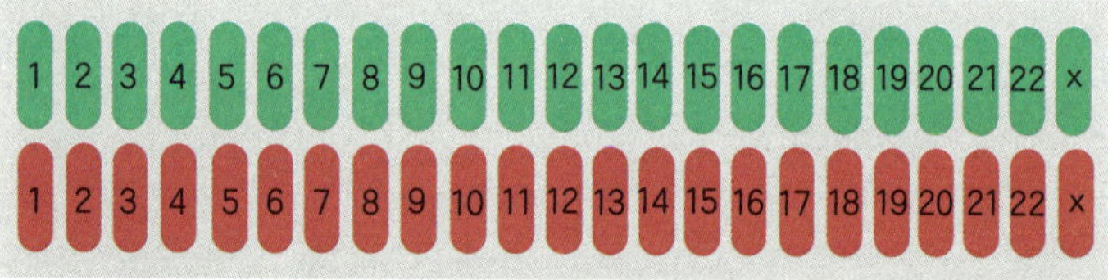

你母亲的染色体

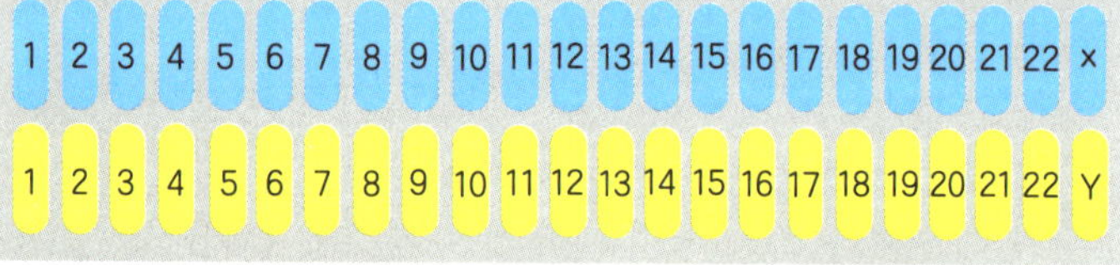

你父亲的染色体

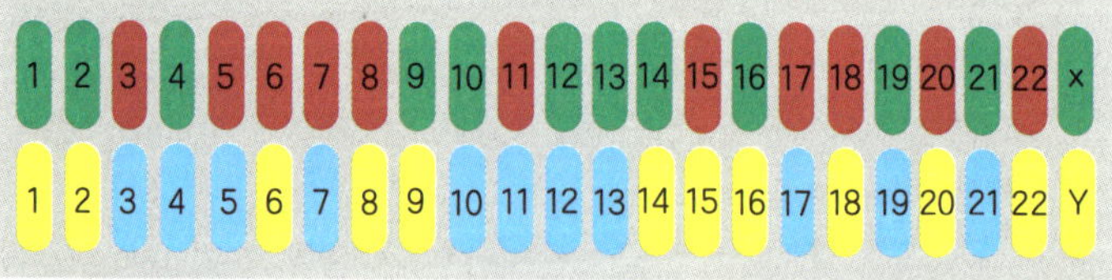

你的“混合”染色体

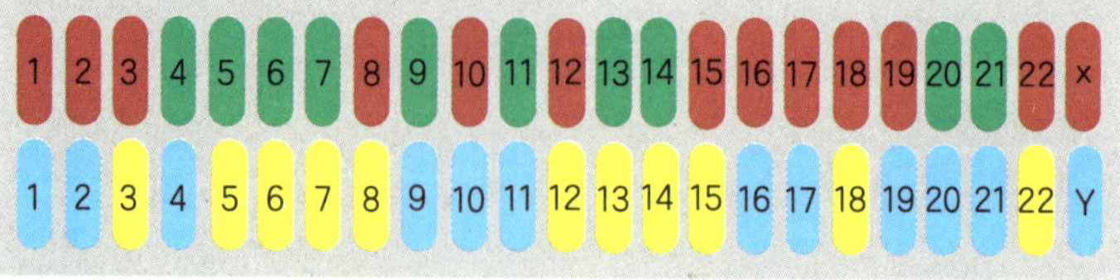

假如你有一个弟弟，那么他从你父母那里得到的将是完全不同的染色体组合。右图给出的是其中的一种可能性。

你的孩子

如果你有了孩子，那么将会重复这一过程。你和伴侣分别贡献一半的染色体给孩子。遗传性状就这样在家族中代代传递下去。

男孩还是女孩

23对染色体中只有1对决定了我们的性别——图中最后的那1对。如果宝宝有两条X染色体，那么她就是女孩；如果宝宝有一条X和一条Y染色体，那他就是男孩。

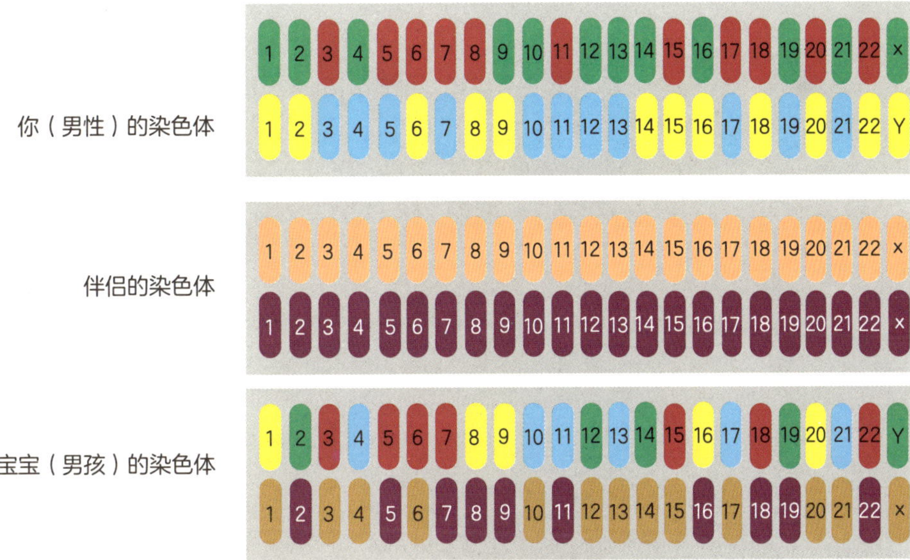

特殊的细胞

构成“你”的细胞都来自卵细胞和精子，其中母亲提供的是卵细胞，父亲提供的是精子。它们属于特殊的细胞。与体细胞不同，卵细胞和精子分别含有23条染色体，也就是通常数量的一半。

每个精子或者卵细胞中的染色体组合，是染色体最初800多万种组合当中的一个。你父母染色体的组合方式非常多，而最终被选中的那一个才是你——独一无二的你。

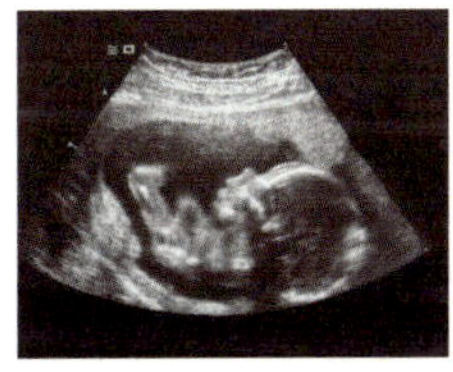

子宫内胎儿的超声影像。

精子和卵细胞。

等位基因

体细胞内的基因都是成对存在的，它们分别来自我们的父母。通常这些成对的基因彼此相似，但有时它们控制着同一性状的不同形态。这时，它们就被称为等位基因。正是这类特殊的基因决定了人与人之间的差异，显性等位基因比较强势，能够“抑制”较弱的隐性等位基因。

我们以决定眼睛颜色的等位基因为例。其中，蓝色眼睛是隐性基因控制的性状，而棕色眼睛是显性基因控制的性状。

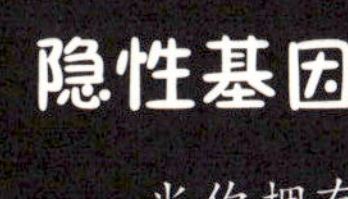

隐性基因

当你拥有一对完全相同的隐性等位基因时，它所控制的性状才会表达出来。例如，如果你想有一双蓝色眼睛，那么染色体上就必须是一对隐性等位基因。

显性基因

显性等位基因控制的性状总是能表现出来。即使你的等位基因里只有一个是棕色眼睛的基因，你也会拥有棕色眼睛。很明显，如果你的等位基因都是显性基因的话，那么你肯定是棕色眼睛。

基因突变

话说回来，这种控制同一性状不同形态的基因是从哪里来的呢？答案就是基因突变。这是一种随机变化，它可以自然而然地出现，也会因为接触辐射或者有害物质而产生。不过，我们的基因或多或少都会发生一些突变。它们可能会带来危害，也可能对我们有益，或者不会产生任何影响。

什么是基因组

在科学家了解了染色体、DNA和基因的概念后，他们想进一步研究生物的构成。因此，他们打算列出每条染色体上的全部基因。

生物体内全部基因的集合就叫作基因组。

人类基因组计划

我们有23对染色体——包括22对常染色体和1对性染色体（X和Y）。

人类基因组包括一整套染色体上的所有DNA，也就是所有基因（或者编码指令）——让人之所以成为人的东西。

人类基因组计划于1990年正式启动，主要为了实现两个目标：找出构成基因组DNA分子中碱基A、C、G和T的确切序列；绘制出基因组图谱，并标出每个基因的位置。这些任务的难度很高，因为一个基因组就包含数百万个碱基对。于是来自6个国家16个研究机构的数千名科学家共同参与了这一计划。

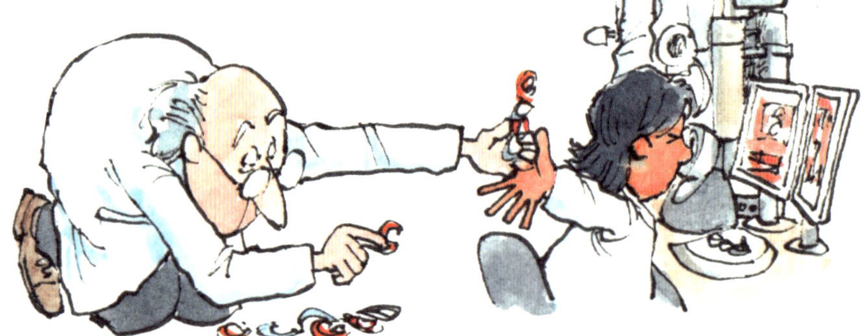

DNA测序仪。

测序

科学家首先要做的就是制作染色体图，以便找到特定基因，这样一来，就可以将碱基序列与特定基因进行匹配。接着，他们要对DNA进行测序。DNA分子又细又长，于是科学家将它们切割成小的片段，方便找出碱基的顺序。这些片段先经过自动排序，再由计算机将碱基序列读取出来。计算机寻找排列模式，将DNA片段重新组合。曾经这是一个漫长的过程，但现如今我们有了更强大的计算机，它可以在一秒钟内完成1000个碱基对的排序工作。

结果如何

2003年，科学家公布了人类基因组序列的完成图。它表明我们的基因组由32亿个碱基对组成，其中包含了3万—4万个基因！但是，这些基因只占我们DNA的1%—3%。其余的DNA被科学家称为“垃圾DNA”，因为它们不编码蛋白质。不过，最近的研究发现，很多“垃圾DNA”也十分重要。尽管科学家还不清楚它们的全部用途，但是他们确信，这些DNA有可能并不是“垃圾”。

所以，关于DNA还有很多未解之谜等待我们去探索！

改变基因

杂草总是长在不该长的地方，影响花园的美观，着实令人讨厌，所以我们常常会想办法除掉它们。但是，在英国诺里奇的约翰·英纳斯中心，一个国际化科研团队却耗费多年时间去分析一种杂草——拟南芥的DNA。

了解植物

研究中心的科学家认为，通过分析或者破译这种杂草的DNA，可以让他们对植物有更多的了解。说不定搞清楚它的全部基因，有助于找到其他植物在某些情况下生存或死亡的原因。一旦弄明白这些问题，他们就可以改进耕作方法，甚至还能保护农作物免遭疾病的侵害。

在植物研究实验室中成长的幼苗。

了解人体

所有生物的DNA有很大一部分都是相同的。也就是说，你和香蕉的相似程度远远超出了你的意料！因此，如果科学家能将拟南芥的DNA研究透彻，那么就可以利用这些信息来进一步了解人体、疾病，以及未来人口的健康。

罕见的拟南芥双花。

抓住他

除了DNA，我们还有一样与众不同的东西——指纹。我们的手指上布满了细小的纹路，它们会留下痕迹，而且每个人的指纹都不相同。

因此，过去指纹常被用来鉴别人们的身份，也用于抓捕罪犯。但是现在，我们有了更好的办法——警察可以利用罪犯的DNA来判断他们是否曾经出现在犯罪现场。

用红墨水印出的指纹。

束手就擒

假设有人抢劫银行，他们全程都佩戴了手套，没有留下指纹。但是，当他们站在保险柜前的时候，有几根头发掉落了下来。他们携款逃跑后，警察可以根据头发上的DNA信息进行搜捕。他们会将找到的毛发交给一群特殊的侦探——法医。

法医团队可能握有几条线索，但他们不知道究竟谁才是犯人。因此，他们从每个嫌疑人身上提取DNA样本，然后与从毛发上提取的DNA进行比对。最终，DNA能匹配上的那个人就是罪犯。

DNA特征测定技术

1985年，英国莱斯特大学的一位遗传学家亚历克·杰弗里斯（Alec Jeffreys）开发了一项新技术。杰弗里斯在研究DNA的X射线图像时发现，他可以通过分析个人的DNA来找到这个人。他只需要一点儿毛发、少量血液或唾液，甚至是几个皮肤细胞，就能够找出它的主人是谁。

亚历克·杰弗里斯

这项技术最早叫作DNA指纹分析，现在被称为DNA特征测定技术，它的应用非常广泛。例如，如果有人想寻找自己的亲生父母，就可以利用它来鉴定自己和他人是否存在亲缘关系。这项技术还被用于动植物的研究，帮助改善农业生产方式。不过，它最常见的应用还是辅助犯罪调查。

法医学

法医学是以医学为基础的自然学科，主要用于解决犯罪问题。犯罪行为发生后，法医会前往现场，收集证据并将其带回实验室进行鉴定。他们的检测结果可以确定是谁实施了犯罪，以及受害者的身份。他们还能推定犯罪发生的时间，以及现场物品是否遗失或者被移动过。

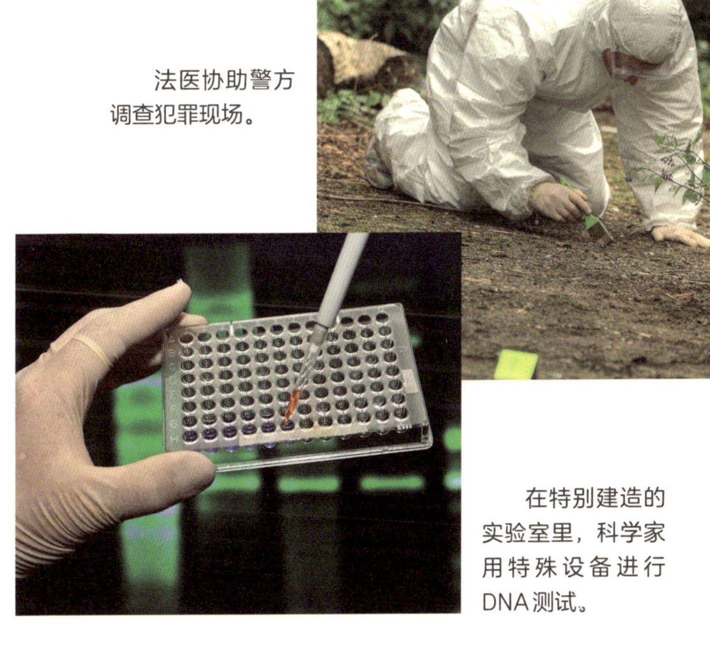
法医协助警方调查犯罪现场。

在特别建造的实验室里，科学家用特殊设备进行DNA测试。

克隆技术

具有相同基因和DNA的生物被称为克隆体。克隆体并不常见，因为染色体有数百万种组合方式，多到能让我们每个人都是独一无二的。

随着科学家对DNA的深入了解，他们意识到，通过复制动物细胞说不定可以制造出一个完全相同的克隆体。毕竟，如果已经有一只羊毛优质的羊，那为什么不克隆出一群羊来提高羊毛产量呢？1996年，科学家终于梦想成真——他们成功地克隆出一只名叫“多莉”的绵羊，很快它就名震世界了。

克隆羊多莉

多莉是通过细胞核移植技术克隆出来的。科学家先从一只芬兰多塞特母羊身上提取细胞，然后再从一只苏格兰黑脸母羊身上提取卵细胞。他们将苏格兰黑脸母羊卵细胞中的细胞核去除，并将芬兰多塞特母羊的细胞核注入这枚空了的卵细胞中。细胞核与卵细胞的细胞质融合后形成了胚胎。他们再将这枚胚胎植入另外一只苏格兰黑脸母羊体内。这只“代孕”羊后来生下了多莉。而多莉与最初的芬兰多塞特母羊具有完全相同的基因。

克隆研究团队的领导人伊恩·维尔穆特（Ian Wilmut）与多莉羊的合影。

同卵双胞胎长得一模一样，因为她们拥有完全相同的DNA。

克隆引发的争议

在克隆羊多莉之后，人类还克隆过其他动物。但是，在所有形成的克隆胚胎中，只有1%存活了下来。这是因为克隆使用的是成年动物的细胞，其中与成长发育相关的基因可能已经无法再发挥作用，所以它的失败率非常高。

尽管如此，科学家仍在争论是否应该克隆人类。你会想要克隆一个数学家或者歌星吗？有的人认为应该试试，但很多人认为不应该过分干预自然法则。

克隆人可能会带来问题。

回到过去

我们可以利用DNA来解决一些与人类起源和历史相关的问题——早期人类是什么样的，他们来自哪里等。DNA可以用于追踪人类从非洲向世界各地迁移的过程，还能告诉我们当不同人种相遇时，他们到底是相互融合，还是会彼此远离。

我们的祖先

DNA还可以帮助研究古生物化石的科学家了解生物的历史与进化。尽管时间越久远，DNA越难以寻获，但科学家仍然找到了充足的DNA样本。他们利用收集到的信息来研究早已灭绝的动物——包括原始人类。

事实上，科学家已经研究了世界各地的骨骼样本，其中一些样本据说有40万年的历史！目前，他们可以检验不同的骨骼样本，来弄清楚我们的祖先是谁，以及他们如何演变成为现代人类（智人）。

远古近亲

科学家认为，与人类关系最亲近的物种是尼安德特人。尼安德特人生活在距今50万—3万年前的欧洲。他们很可能在21.9万年前与智人（也就是我们）融合交配，因为科学家在当时的尼安德特人化石中找到了现代人的DNA。

目前，科学家正在研究距离现在较近的尼安德特人基因里是否含有智人的一部分基因。

新种群

后来出现了一个来自非洲的种群——克罗马农人（或者欧洲早期现代人类）。他们也是智人，而且还会画画、雕刻、制作乐器。但就在这时，尼安德特人似乎灭绝了！他们到底是与智人彻底融合在一起，还是被赶尽杀绝了呢？

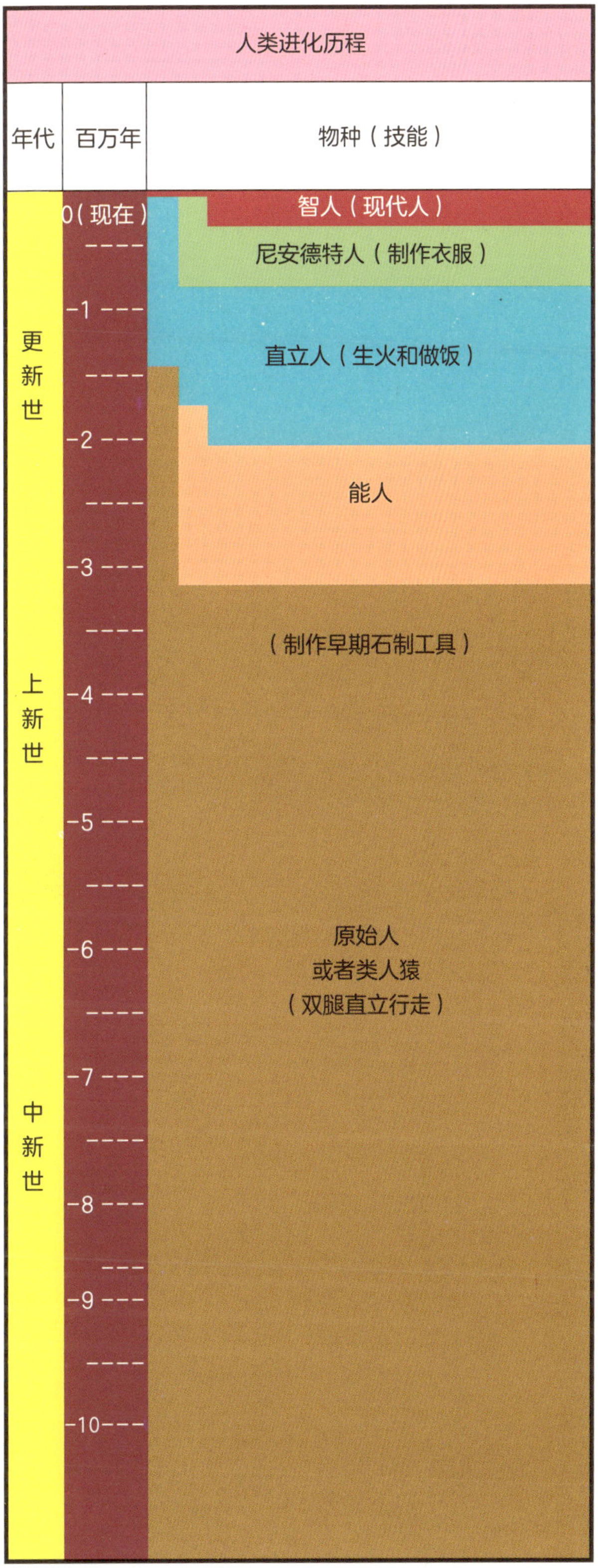

早期人类头骨

人类进化历程

年代	百万年	物种（技能）
更新世	0（现在）	智人（现代人）
		尼安德特人（制作衣服）
	-1	直立人（生火和做饭）
	-2	能人
上新世	-3	（制作早期石制工具）
	-4	
	-5	
	-6	原始人 或者类人猿 （双腿直立行走）
中新世	-7	
	-8	
	-9	
	-10	

灭绝重生

让它们重新复活

找到古生物DNA的好处在于，我们不仅能通过它们了解过去，还可以将其“复活”！科学家已经成功地再造了一只比利牛斯山羊（一种在2000年灭绝的野生山羊）。他们用一种特殊的“克隆”技术，从已灭绝的山羊细胞中提取细胞核，再将它注入一只活体母山羊（即代孕羊）的卵细胞中。这只母羊产下了一只小比利牛斯山羊，让这一灭绝物种重新“复活”。

科学家计划用同样的方法复活其他已经灭绝的生物——例如，渡渡鸟、斑驴（一种古老的斑马）、塔斯马尼亚虎，甚至还有长毛猛犸象。如果我们能找到足够的DNA，说不定将来还能复活恐龙！

猛犸象（一种已灭绝的类似大象的哺乳动物）的牙齿化石。

词汇表

氨基酸： 构成动植物体内某种化学物质的基本物质。

鞭毛： 单细胞细菌上尾巴状的部分，可以帮助它们游动。

测序： 发现并记录DNA分子内碱基和基因的编码方式。

查尔斯·达尔文： 英国科学家，代表作《物种起源》。他在书中阐述了自然选择的进化理论。

蛋白质： 构成生物体的一种化学物质，常见于肌肉、血液、鸡蛋、皮肤和骨骼当中。

多莉： 利用非亲属关系绵羊的细胞和卵细胞克隆出来的第一只哺乳动物。

分子： 由一个或多个原子组成的微小粒子。虽然它很小，但具有它所组成物质的全部性质。

核仁： 细胞核的中心部分。

化学物质： 纯净的单一物质。

基因： 类似于一种控制指令，它能命令细胞制造蛋白质以维持生物体的活力。

基因组： 全部的基因集合。

碱基： 一种化学物质，与糖和磷酸连接在一起构成了DNA的“梯级”。

进化： 经过几千甚至几百万年，动植物体内逐渐出现的有利于生存的变化。

密码子： 一个密码子由相邻的三个碱基组成，它形成了DNA编码的一部分。

灭绝： 某个物种完全消亡。

脓液： 因机体感染而产生的黄色或绿色液体，主要成分是死亡的白细胞和细菌。

胚胎： 在母体内初期发育的动物体。

染色体： 细胞核内一种由酸和蛋白质组成的物质，是DNA的载体。

人类基因组计划： 由若干国际团队合力完成的一个项目，目的是记录人类的全套基因。

神经： 在身体周围传递信息或电信号的纤维。

生物体： 像动植物或者单细胞生物这样的生命体。

实验室： 科学家用特殊设备和化学物质进行实验的场所。

双螺旋： 用于描述DNA结构的名词。

透镜： 一种具有弧度的透明材料（通常是玻璃），能让人更加清楚地观察和研究远处或微小的物体。

细胞： 构成生物体的基本单位。

细胞核： 位于细胞的中心，用于储存遗传信息。

细胞膜：细胞的保护层。

细菌：由单个细胞组成的微生物。

显微镜：一种实验仪器，用来将微小的物体放大至人眼能看到的程度。

显性基因：等位基因中一个基因能够抑制另一个基因（隐性基因）的作用，就称前者为显性基因，它决定了生物体的性状。

线粒体：细胞内部制造能量和进行呼吸的细胞器。

隐性基因：总是受到显性基因抑制的一种等位基因。

原子：化学变化中的最小粒子，结合起来可以构成所有已知的化学元素。

指纹：手指留下的痕迹。每个人的指纹都不相同。

自然选择：描述进化的术语，指的是在生存斗争中，能力最强的物种才能生存下来。

祖先：一个物种的远亲或者原始种类。

DNA（脱氧核糖核酸）：生物细胞内含有的一种酸，它决定了生物的外观和行为方式。

索引

内 容 提 要

这套书是写给孩子的靠谱科学书，选取孩子感兴趣的“宇宙、基因、大脑、人体”等话题，用孩子感兴趣的语言讲述它们各自的秘密，让孩子能够在有趣、丰富、好玩儿的沉浸式探索中增长知识，并激发孩子的探索欲，培养孩子的科学思维。

图书在版编目（CIP）数据

酷科学 : 全4册 / （英）萨伦娜·泰勒，（英）费利西娅·劳，（英）格里·贝利著 ; （英）麦克·菲利普斯绘 ; 雍寅译. -- 北京 : 中国水利水电出版社，2022.6

书名原文: The Stuff.（The Stuff of the Family、The Stuff of the Universe 、The Stuff of You、The Stuff of your Brain）

ISBN 978-7 5226-0720-7

Ⅰ. ①酷… Ⅱ. ①萨… ②费… ③格… ④麦… ⑤雍… Ⅲ. ①科学知识－儿童读物 Ⅳ. ①Z228.1

中国版本图书馆CIP数据核字(2022)第086335号

北京市版权局著作权合同登记号：图字 01-2022-1665

书　　名	酷科学（全四册） KU KEXUE (QUAN SI CE)
作　　者	［英］萨伦娜·泰勒　费利西娅·劳　格里·贝利　著　雍寅　译
绘　　者	［英］麦克·菲利普斯　绘
出版发行	中国水利水电出版社 （北京市海淀区玉渊潭南路1号D座　100038） 网址：www.waterpub.com.cn E-mail：sales@mwr.gov.cn 电话：（010）68545888（营销中心）
经　　售	北京科水图书销售有限公司 电话：（010）68545874、63202643 全国各地新华书店和相关出版物销售网点
排　　版	北京水利万物传媒有限公司
印　　刷	山东新华印务有限公司
规　　格	185mm×260mm　16开本　12印张　149千字
版　　次	2022年6月第1版　2022年6月第1次印刷
定　　价	189.00元